School Days

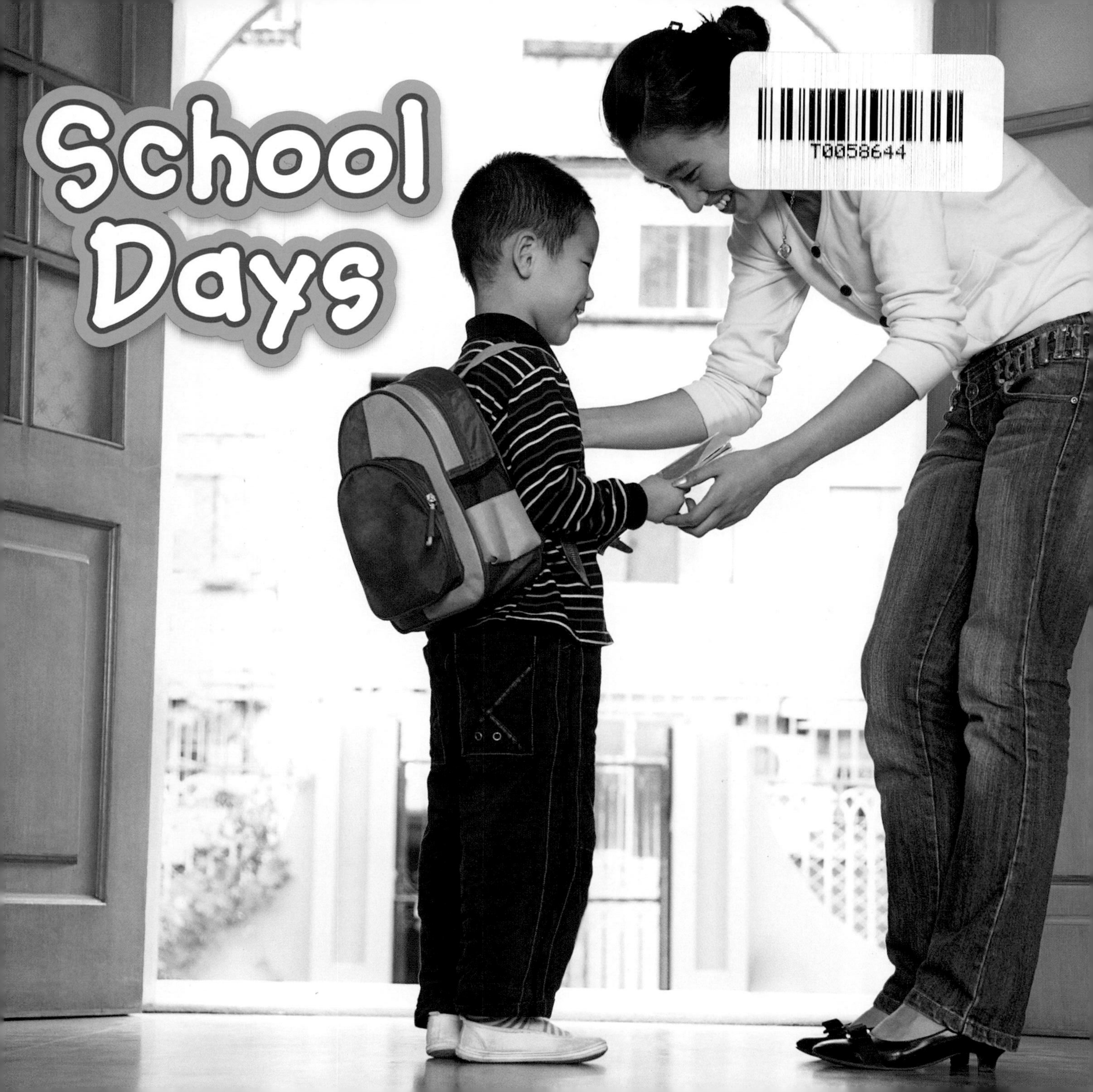

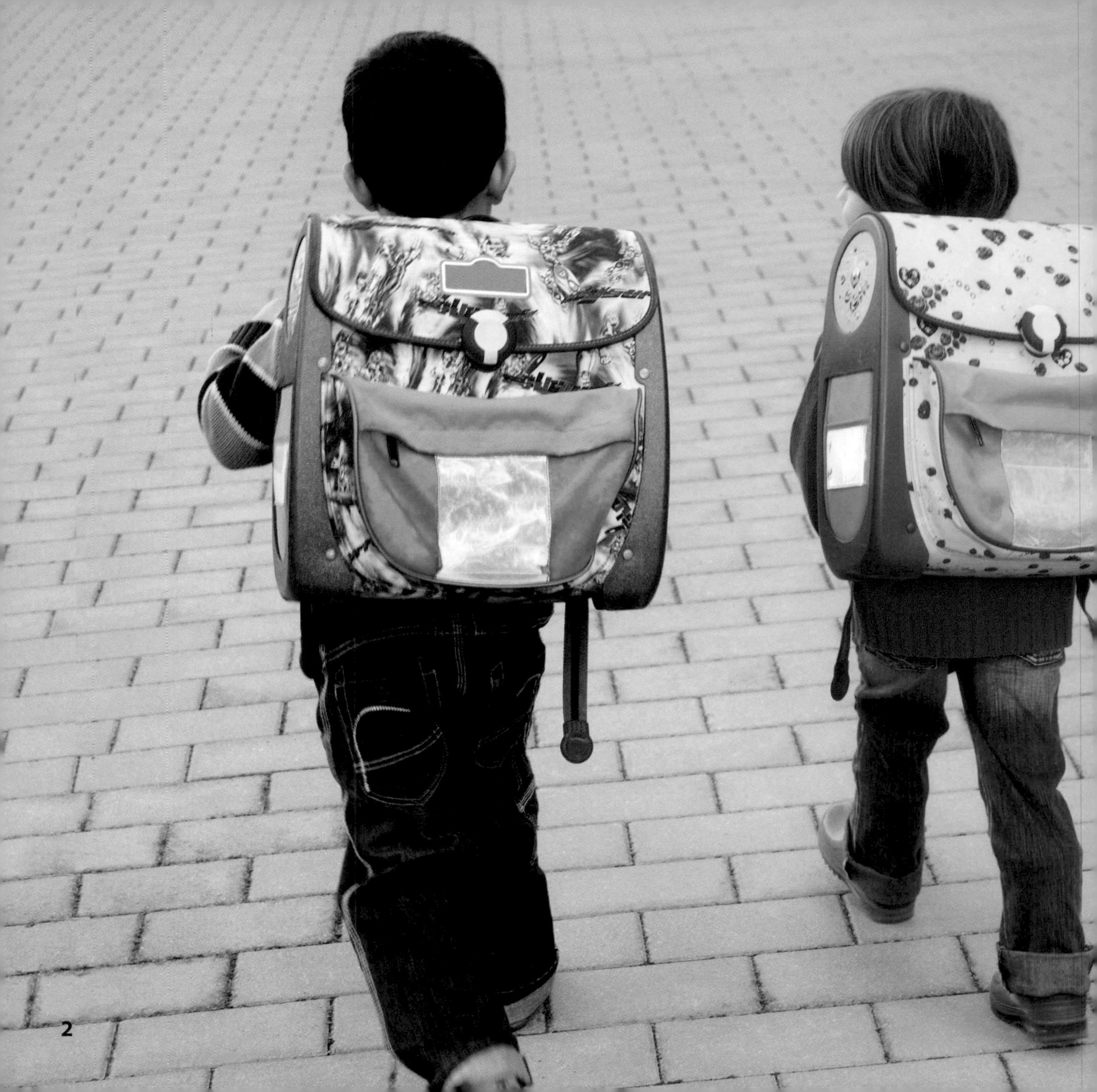

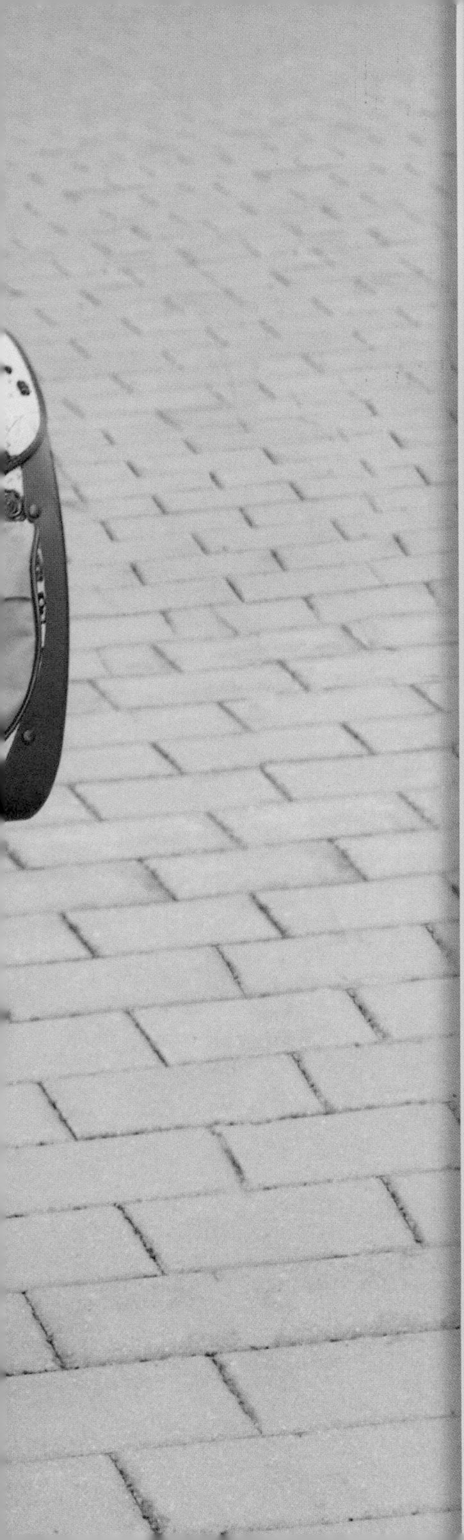

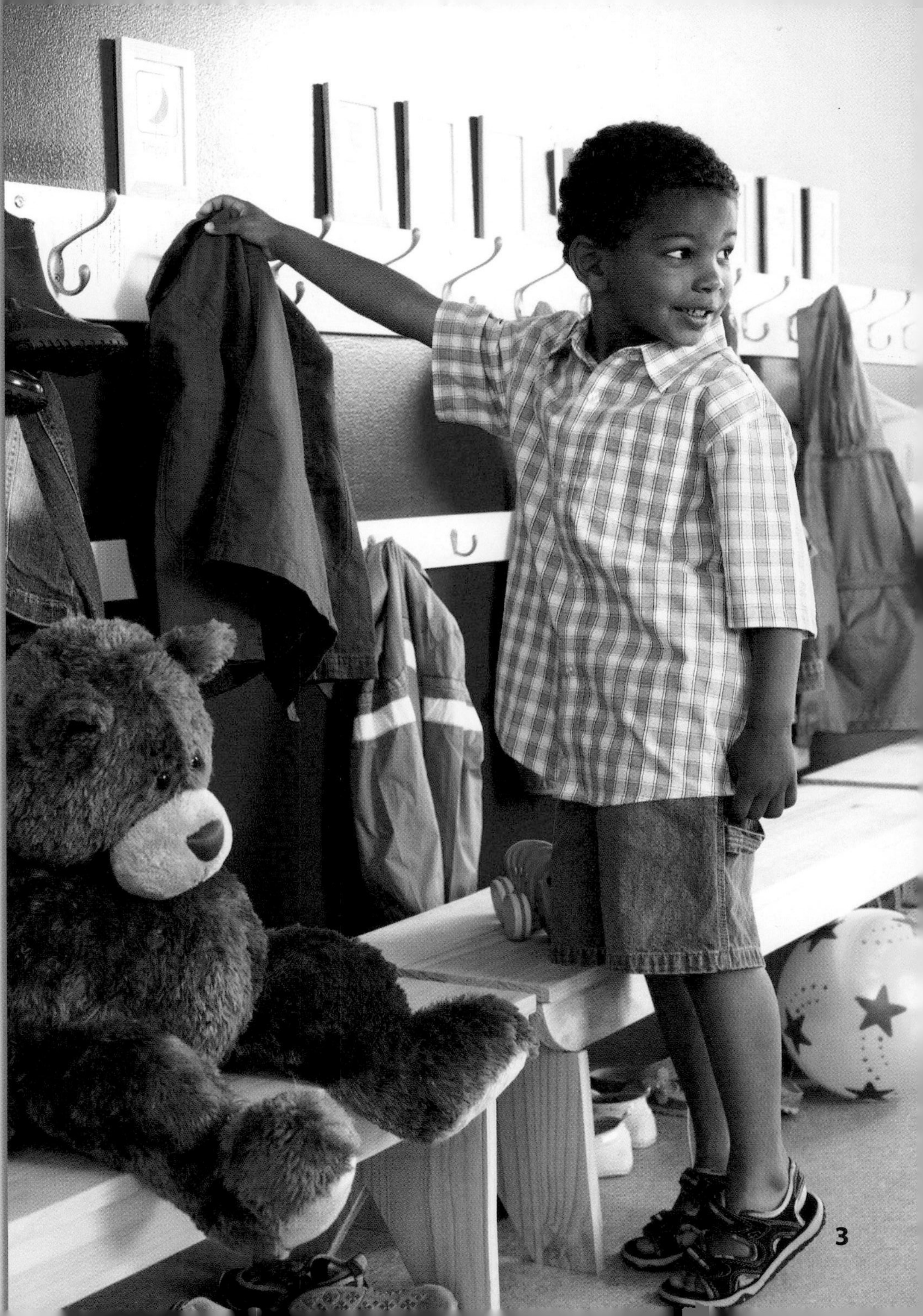

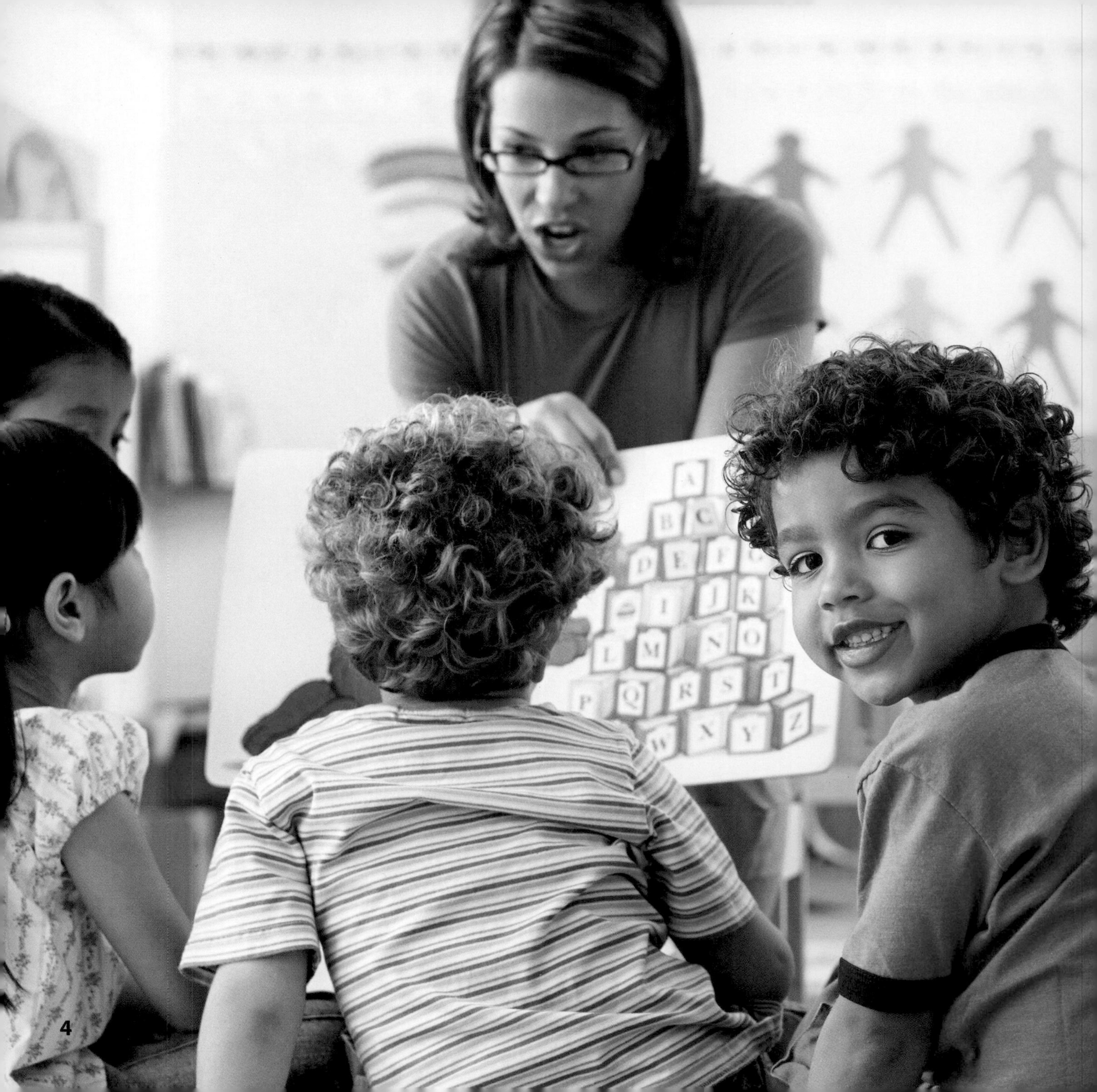
A
B C
D E F
I J K
L M N O
P Q R S T
W X Y Z

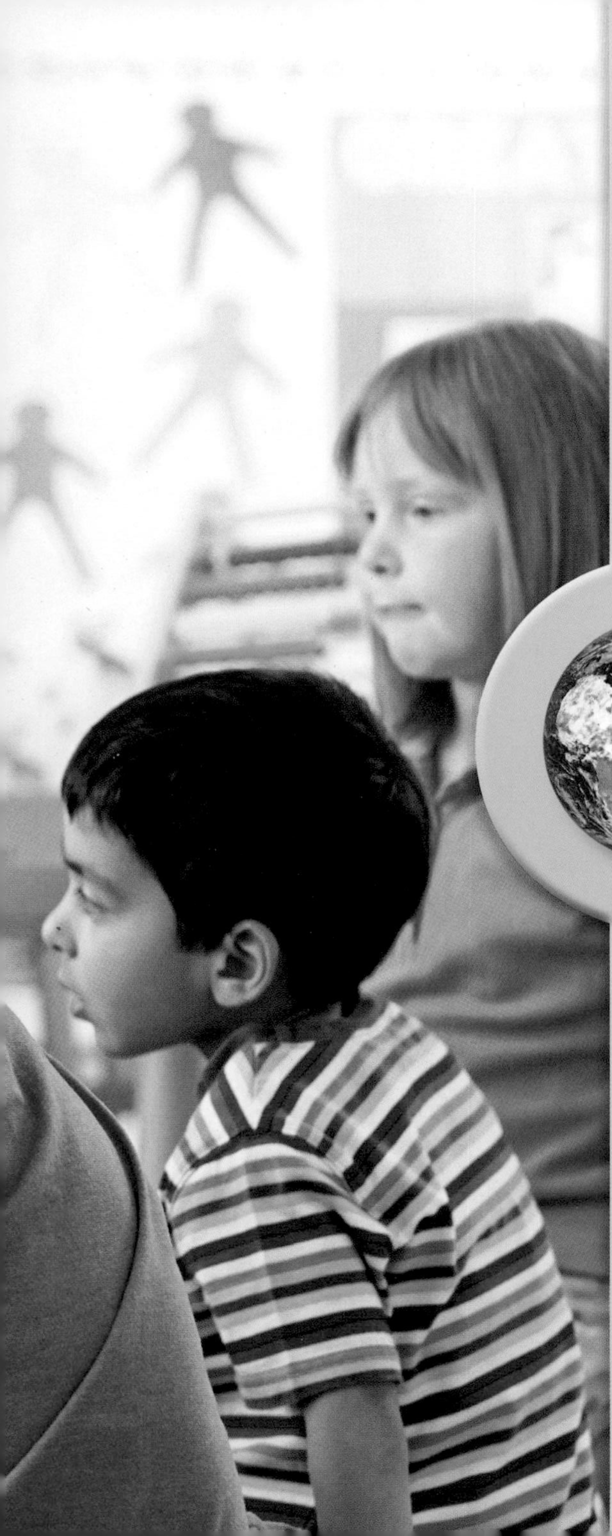

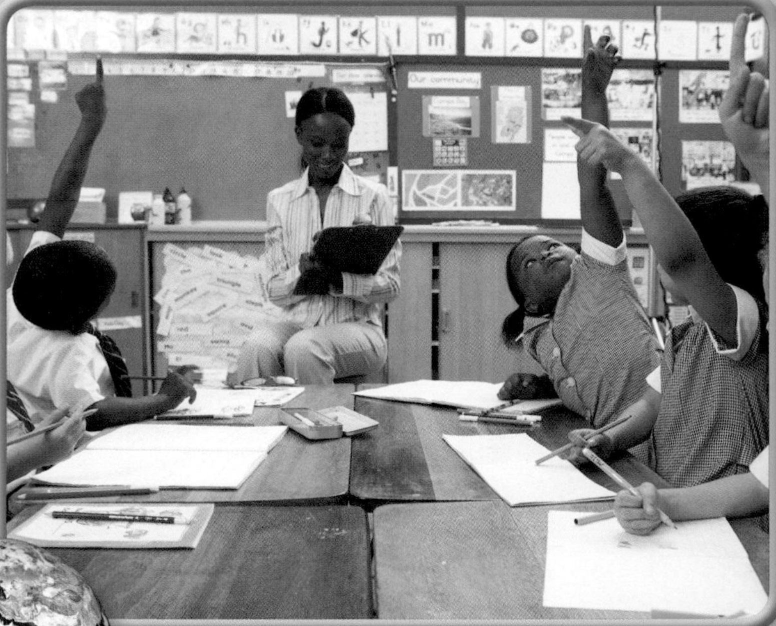

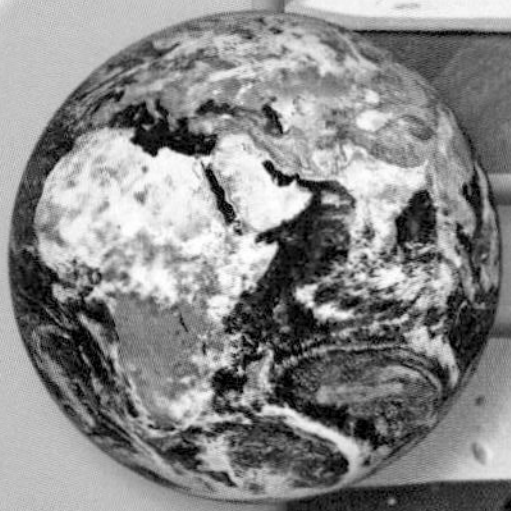

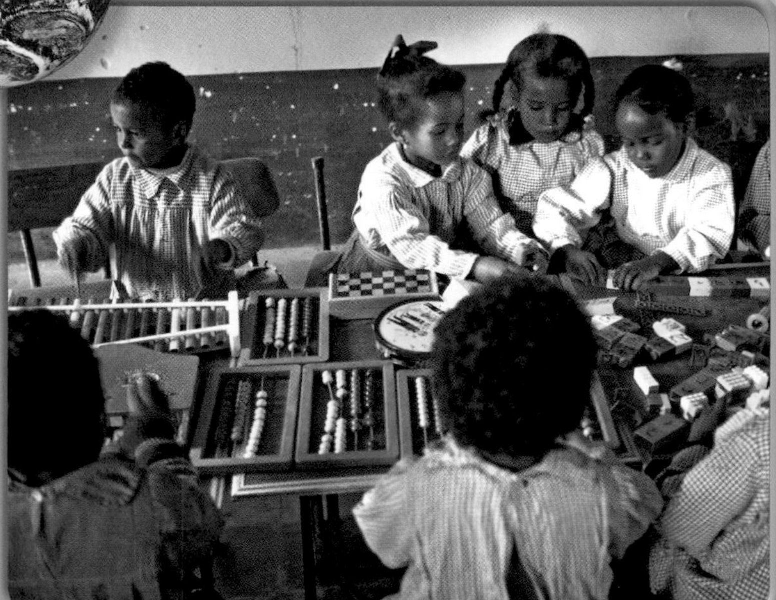

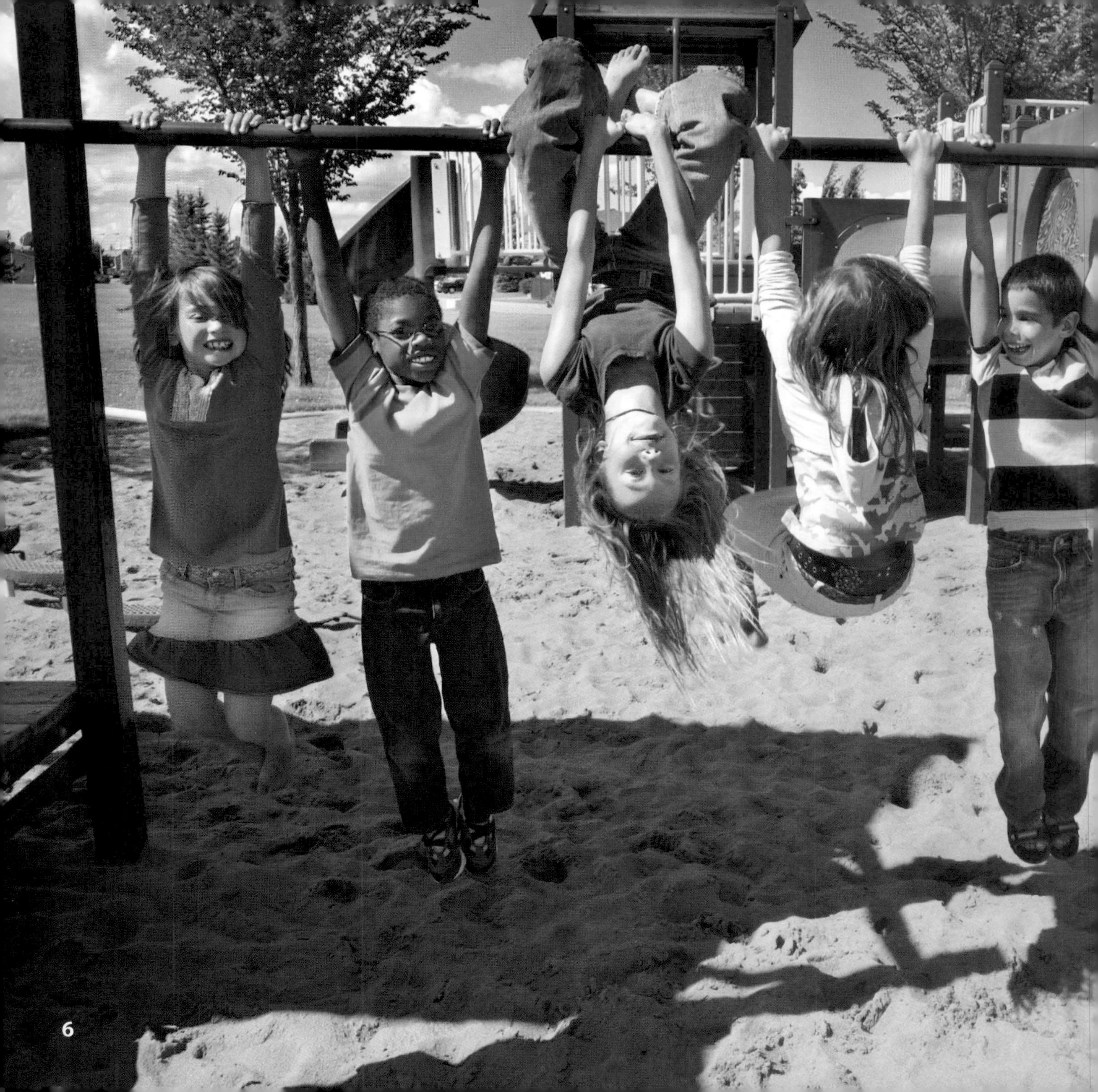

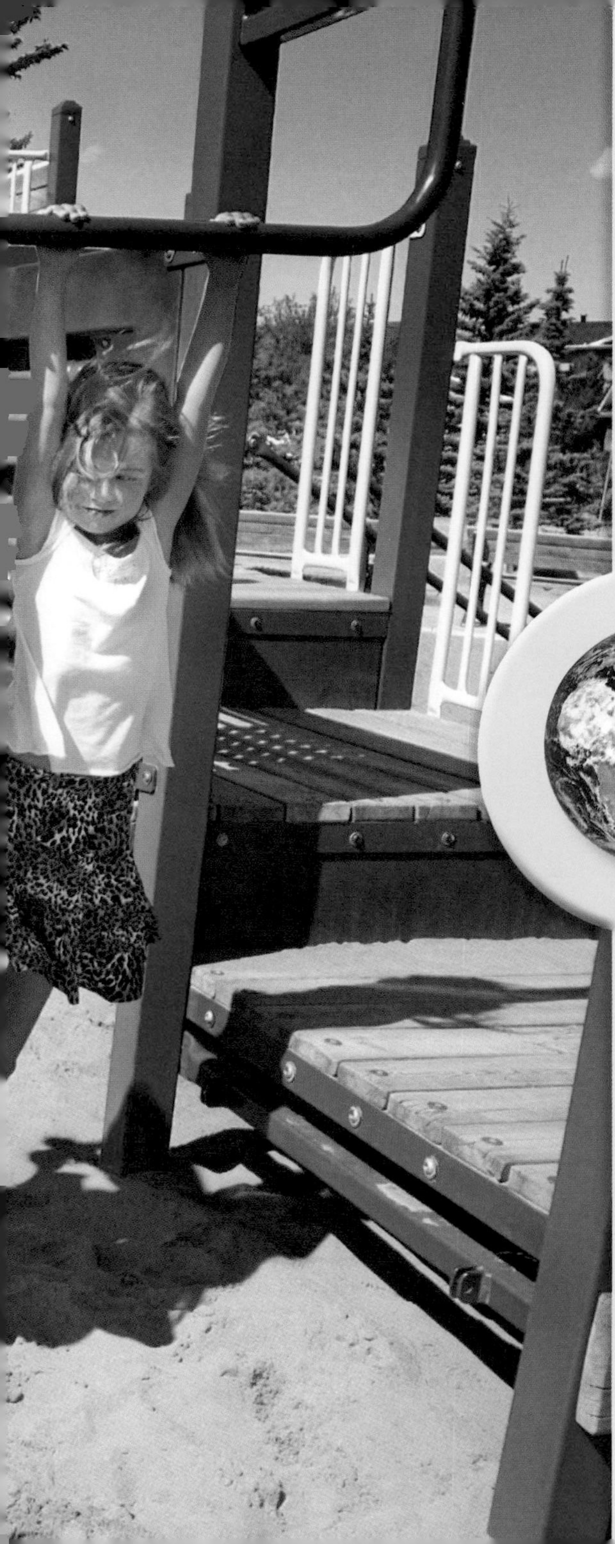

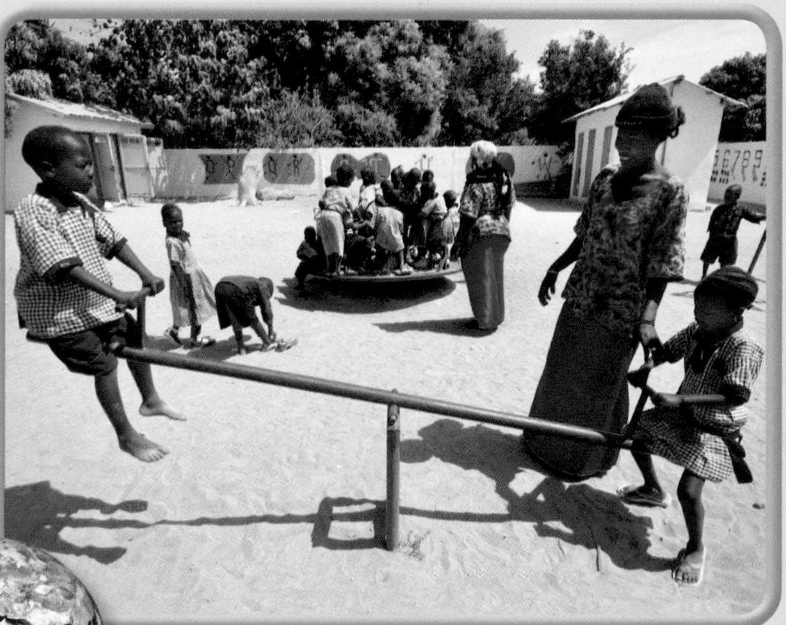

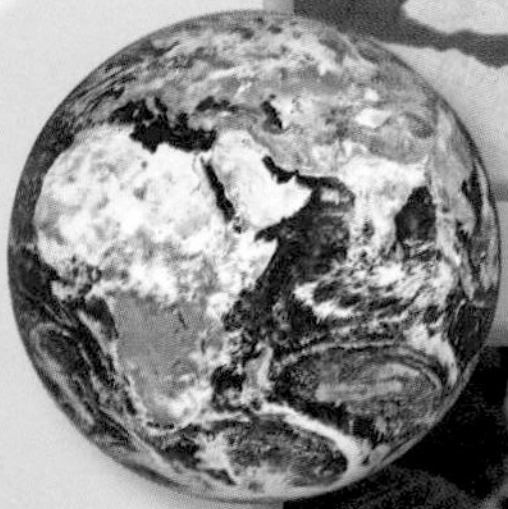

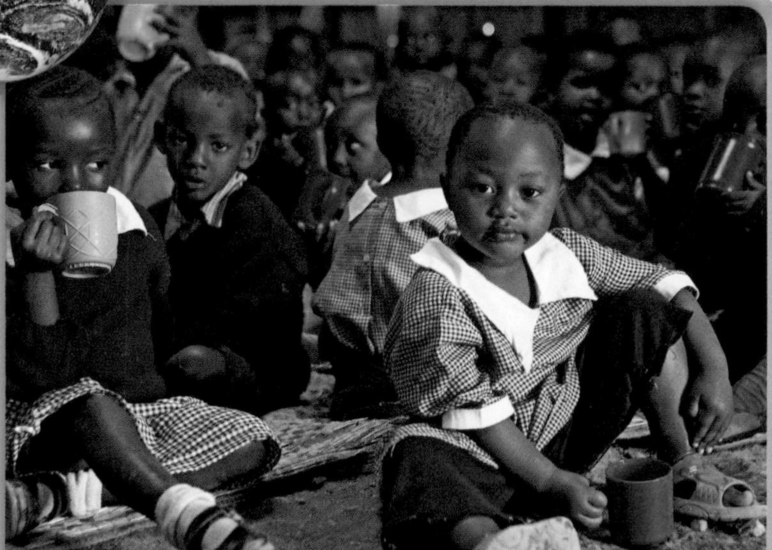

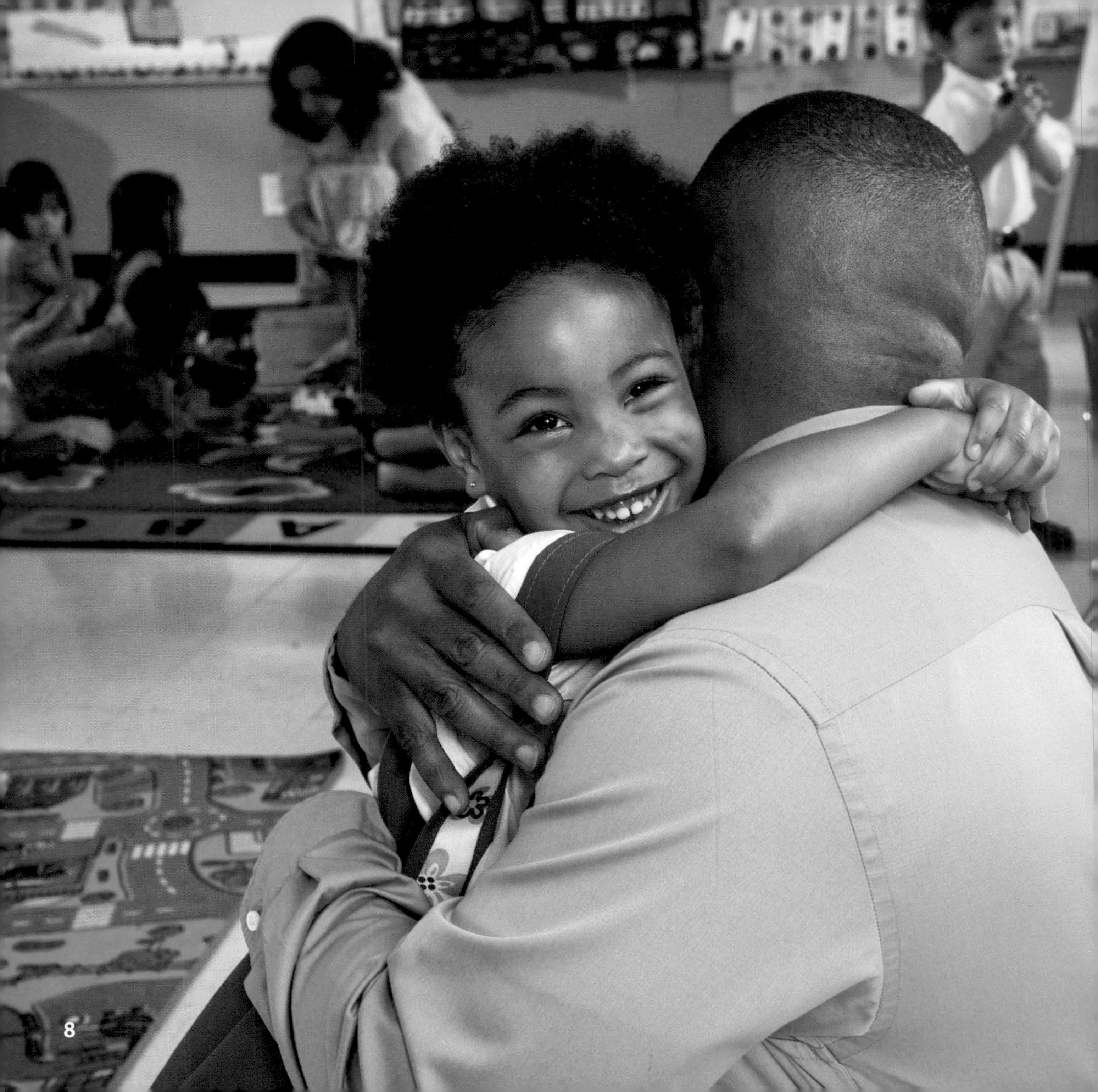